I0419875

Introducción

En 1912, la Asamblea Nacional Legislativa expide la Ley 42 con el deseo de festejar la próxima apertura del Canal Interoceánico y conmemorar los 400 años del descubrimiento del Mar del Sur. Para lo anterior, autoriza al Ejecutivo la celebración de una Exposición Nacional en 1913. Sin embargo, esta tendría un atraso de varios años por razones financieras; mezquinos intereses inmobiliarios locales; retrasos en la compra, saneamiento y nivelación de los terrenos; falta de personal idóneo; deseo de lucro de los oportunistas; rivalidades e intromisión del fanatismo político; inicio de la Primera Guerra Mundial; y una férrea oposición y campaña en contra de una prensa agresiva y malévola.

El 16 de febrero de 2016 se celebró el primer centenario de tan magno evento que dio origen al barrio de La Exposición; rebautizada como barrio Belisario Porras, mediante Ley 107 de 1943, luego del fallecimiento de su gestor (28 de noviembre de 1856 – 28 de agosto de 1942). La visión del tres veces presidente de Panamá (1912-1916, 1918-1920 y 1920-1924), al ejecutar la primera intervención del Estado en el ámbito urbano y ensanche residencial más allá del Casco Antiguo, permitió la modernización de la ciudad con amplias avenidas de cuatro carriles, paseos arbolados, anchas aceras y una gran plaza pública.

Esta publicación presenta el Ayer y Hoy de los edificios que celebran sus primeros 100 años y algunas áreas de lo que fue la Exposición Nacional de 1916

Dedicado a

Eduardo Tejeira Davis (1951 - 2016)

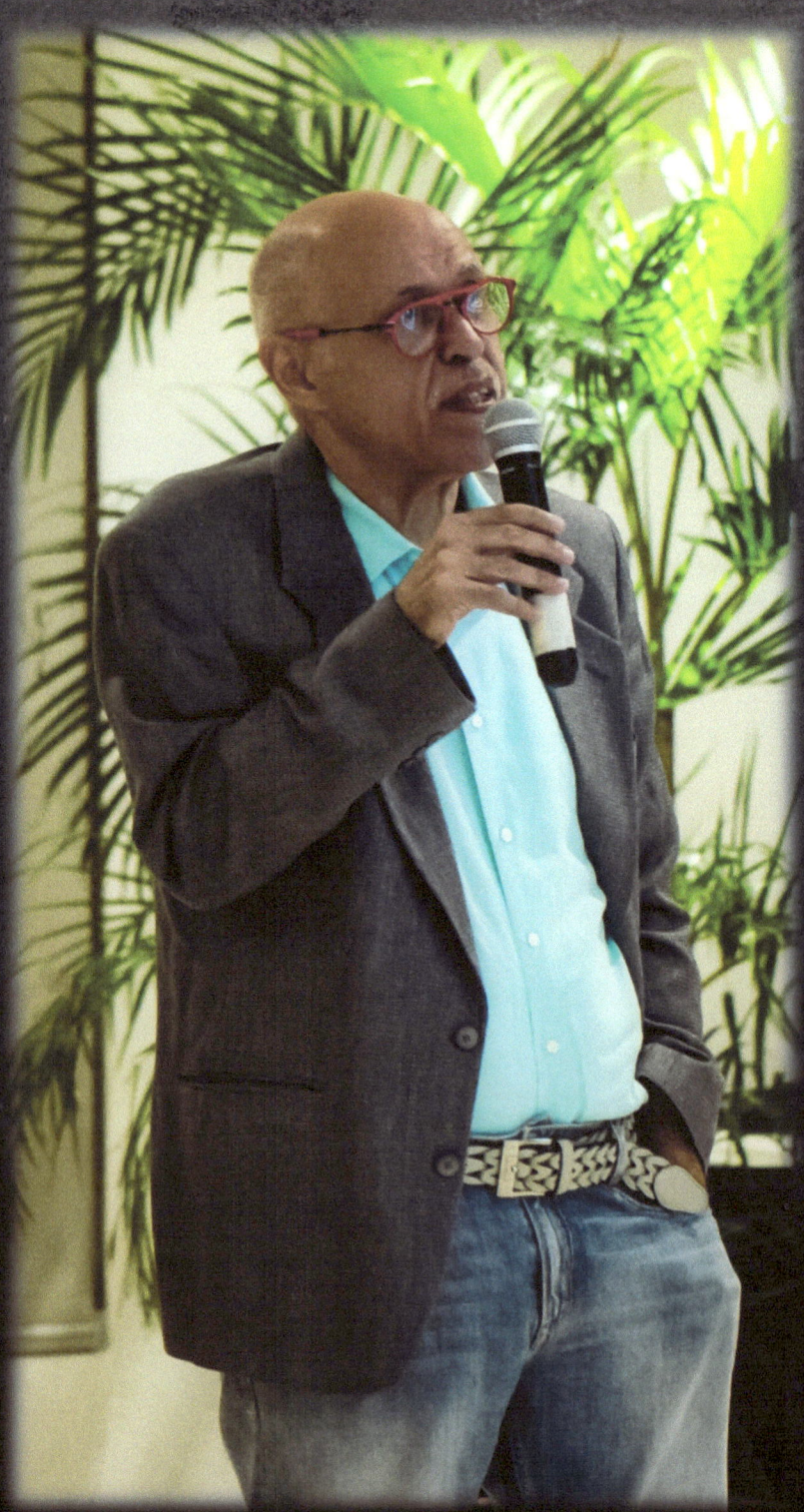

Tuve el honor de conocer y participar con Eduardo en una gran cantidad de proyectos y actividades. Producto de esta desinteresada colaboración fueron sus magistrales presentaciones realizadas a través del Comité de Salón de Lectura del Club Unión de Panamá: "El centro histórico de la ciudad de Colón: un patrimonio en peligro" (10 de julio de 2013), "Pasado, presente y futuro del Casco Antiguo de Panamá" (5 de junio de 2014) y "El barrio de La Exposición y la modernización de la ciudad de Panamá" (12 de mayo de 2016).

El Dr. Tejeira Davis también aportó artículos para la Revista Elite del Club Unión en septiembre, octubre, y noviembre de 2015. Donó al Salón de Lectura su libro "Panamá: el Casco Antiguo y sus políticas de transformación", en torno al cual realizamos un coloquio el 5 de junio de 2014.

A pesar de su fallecimiento, Eduardo sigue siendo fuente de inspiración para todos los apasionados partidarios de la correcta conservación y restauración de nuestro patrimonio histórico. Nunca te olvidaremos.

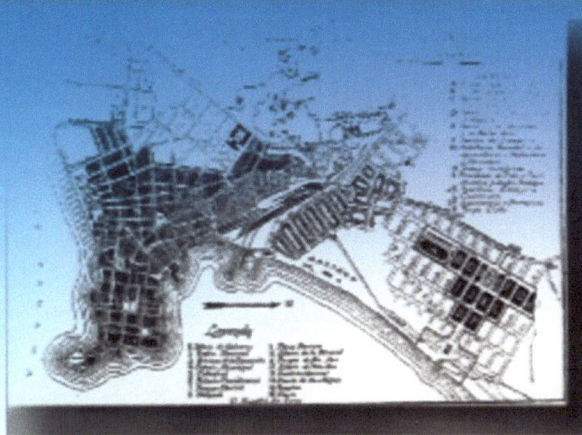
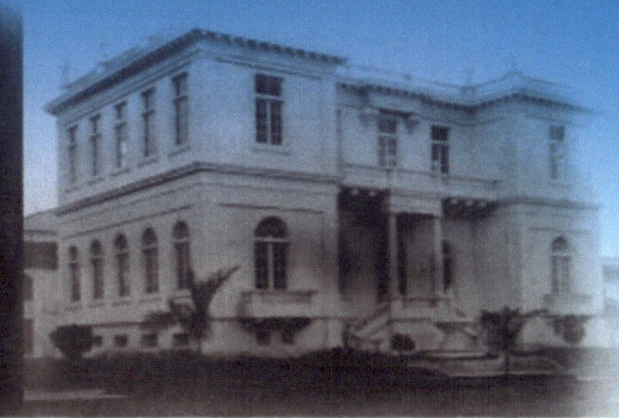
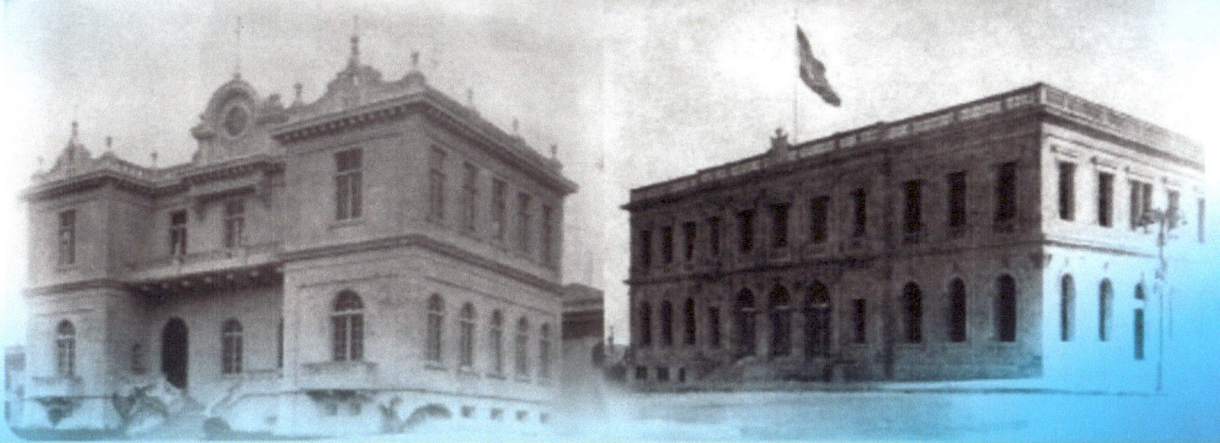

"EL BARRIO DE LA EXPOSICIÓN Y
LA MODERNIZACIÓN DE LA CIUDAD DE PANAMÁ"

CONFERENCISTA :
ARQ. EDUARDO TEJEIRA DAVIS, DR. PHIL.

JUEVES 12 DE MAYO
SALÓN LOS CORALES
7:00 P.M.

SOCIOS E INVITADOS

INVITA LA JUNTA DIRECTIVA Y EL COMITÉ DE LECTURA

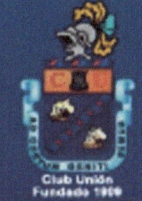

Club Unión
Fundado 1909

INFORMACIÓN
208-5370
SALÓN DE LECTURA

Portada del libro sobre la Exposición de Panamá de 1916

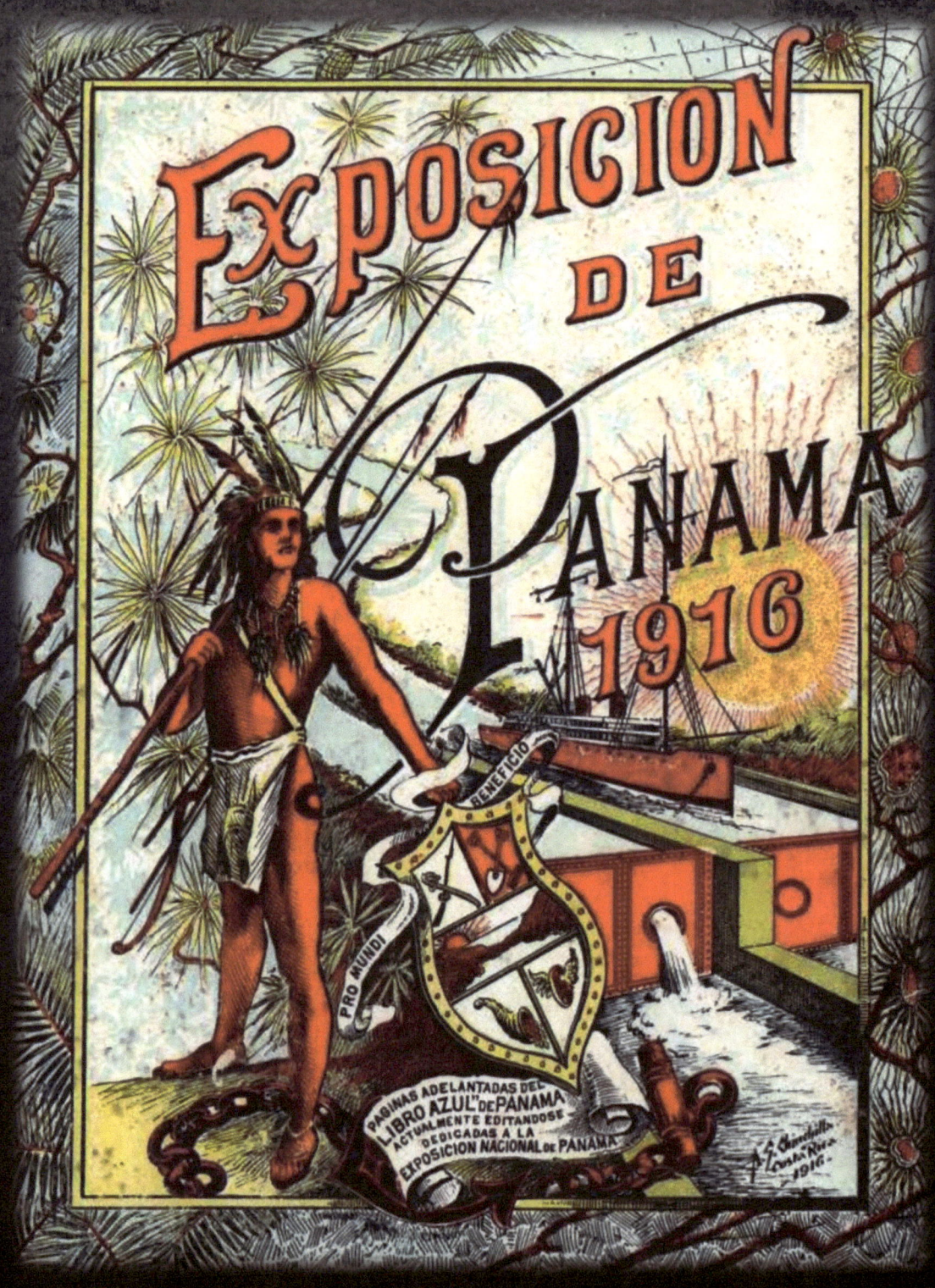

Retrato del presidente Belisario Porras Barahona

PRES'T OF PANAMA — DR. B. PORRAS

Plano de la ciudad y suburbios comprendiendo La Exposición

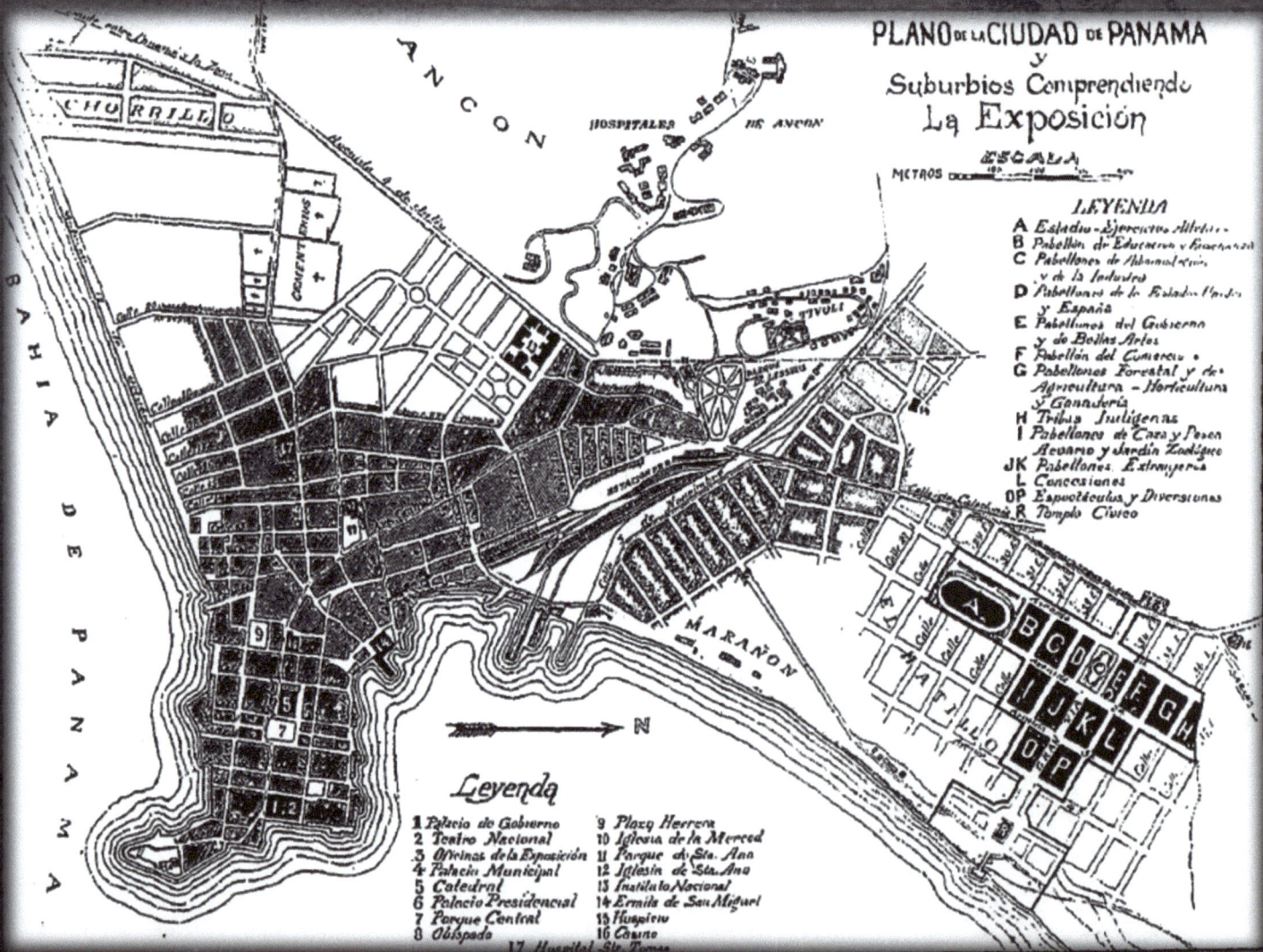

PLANO DE LA CIUDAD DE PANAMA y Suburbios Comprendiendo La Exposición

1916: En el año de 1912 la Asamblea Nacional Legislativa, con el deseo de celebrar la apertura de la obra formidable del Canal Interoceánico y de conmemorar el descubrimiento del Mar del Sur por el intrépido explorador español, Vasco Núñez de Balboa, expidió la Ley 42 de ese mismo año por la cual se decretó la creación de una Exposición y se facultó al Ejecutivo para llevarla al terreno de la práctica de acuerdo con la trascendencia de los acontecimientos que querían festejarse. El Presidente de la República, doctor Belisario Porras, después de madurar el asunto con el detenimiento necesario y de formar conciencia sobre una empresa de tanta seriedad y comprometedora para un país de tan reciente independencia, resolvió acometerla y echarse a cuestas una gran responsabilidad. Las dificultades de los primeros esfuerzos, como acontece en todas las obras que se apartan de la rutina y que consumen cuantiosos recursos, fueron casi insuperables; pero por sobre todos esos obstáculos la firmeza y la perseverancia del Presidente Porras supieron abrirse amplia brecha y coronar las cimas del éxito.

Referencia: Libro "La Exposición de Panamá (1916)"

Fotografía satelital de la ciudad y el barrio de La Exposición

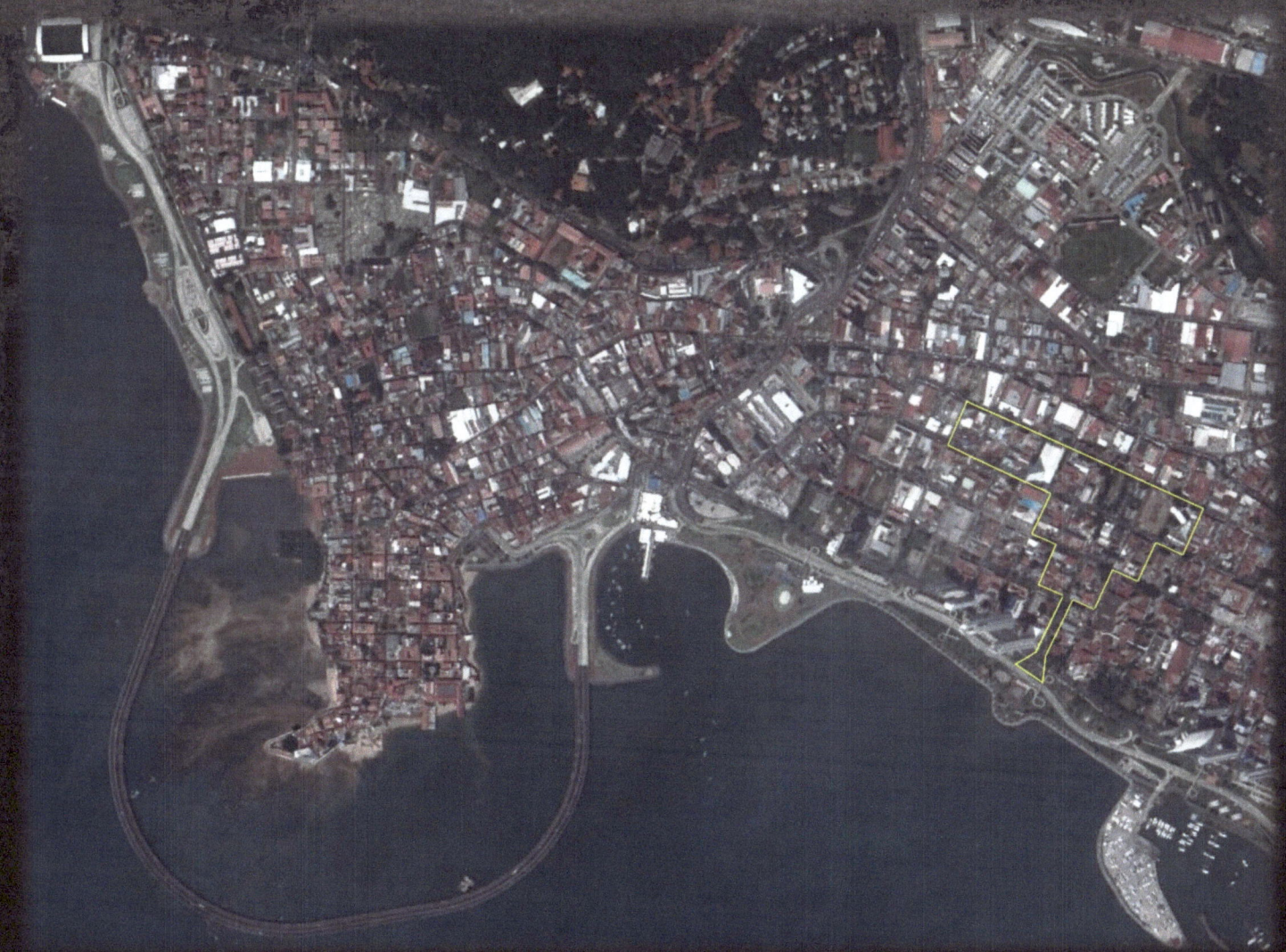

La Alcaldía de Panamá pretende reactivar el sector de La Exposición potenciando sus funciones de centralidad urbana y recuperando su identidad histórica y cultural, debido a que presenta un deterioro general del espacio; edificios y usos discordantes se han tomado este barrio, que consiste hoy de un conglomerado de pensiones, estacionamientos y kioscos que invaden el espacio público. El paso libre de peatones es afectado por diversos obstáculos y dificultades, ya sea por puestos de buhonería, vehículos indebidamente estacionados o por aceras en deficiente estado, la emigración de una significativa parte de los primeros residentes y la reconversión acelerada de la función residencial, especialmente hacia la comercial, han hecho que gran parte del carácter original de La Exposición se haya ido perdiendo, mostrando la necesidad de conservar el estilo arquitectónico del periodo histórico en que se desarrolló. En este marco, los principales objetivos de la Alcaldía se resumen en la protección y rescate del valor histórico y patrimonial del sector, el fomento de la vivienda y el fortalecimiento de sus funciones culturales, turísticas e institucionales.

Referencia: http://mupa.gob.pa/revitalizacion-del-barrio-de-la-exposicion#hacia-donde-vamos

Palacio del Gobierno

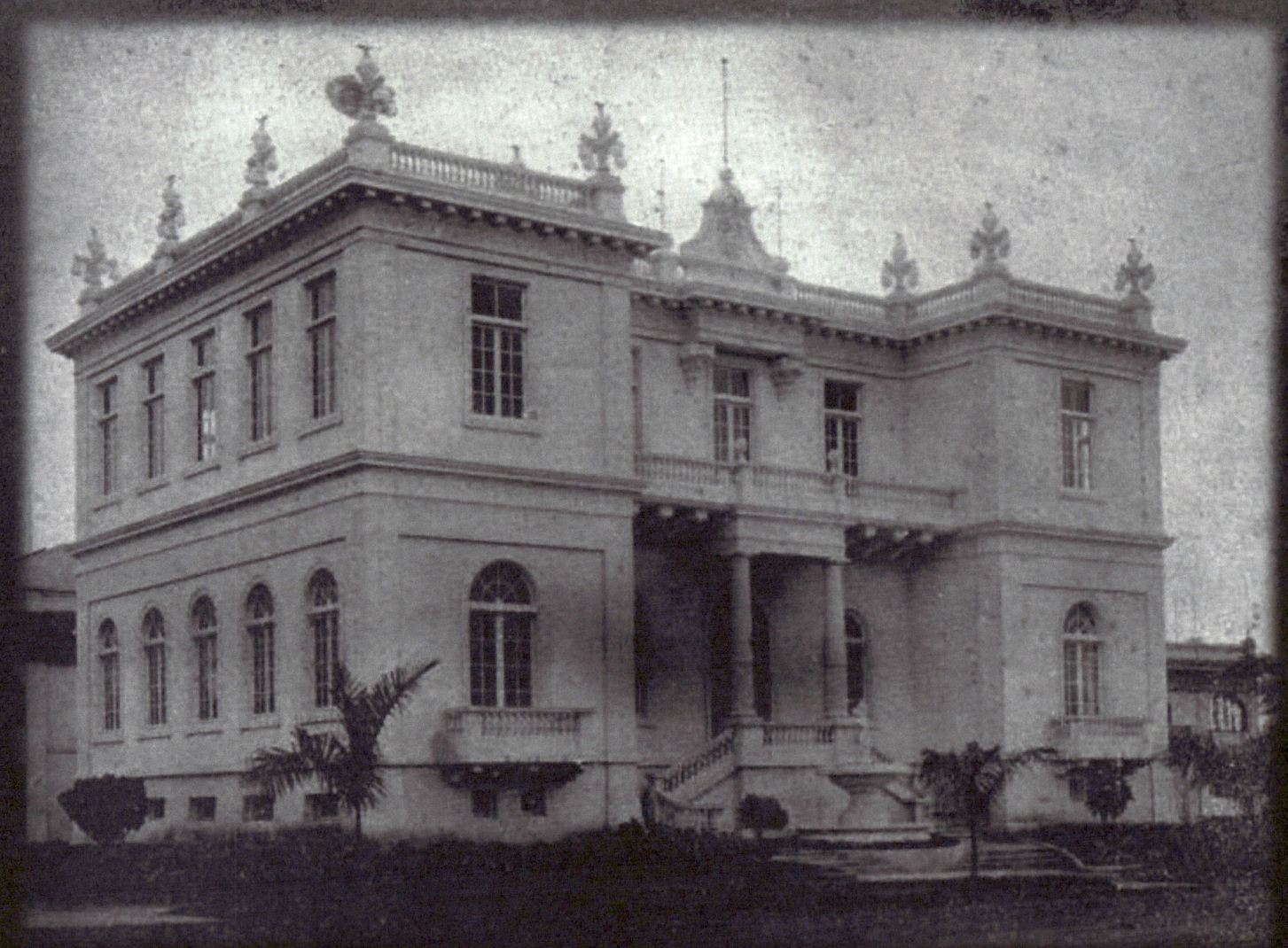

1916: Éste edificio es gemelo del Palacio de Bellas Artes y están situados en el punto más céntrico de La Exposición. Son de un gusto arquitectónico exquisito y su alumbrado durante las noches ofrece un admirable espectáculo. La planta baja de éste edificio está integrada por dos grandes salas laterales y un amplio vestíbulo en el medio. En la sala de la izquierda está instalado un muestrario de las maderas del país y que consta como de 120 especies diversas. También hay varias vitrinas que contienen una exhibición completa de los principales productos agrícolas del país, de los diferentes minerales y una serie de productos naturales muy variados y de mucho interés. Se exhiben también allí los sombreros de "Panamá" hechos en algunas escuelas del país. En la sala de la derecha hay un muestrario de textiles y de las manufacturas indígenas que con ellos se hace, tales como hamacas, chinchorros, sacos, mochilas y muchos otros objetos de uso generalizado. En la parte alta está el gran salón de recepciones sencillamente decorado y de impecable elegancia.

Gobernación de Panamá

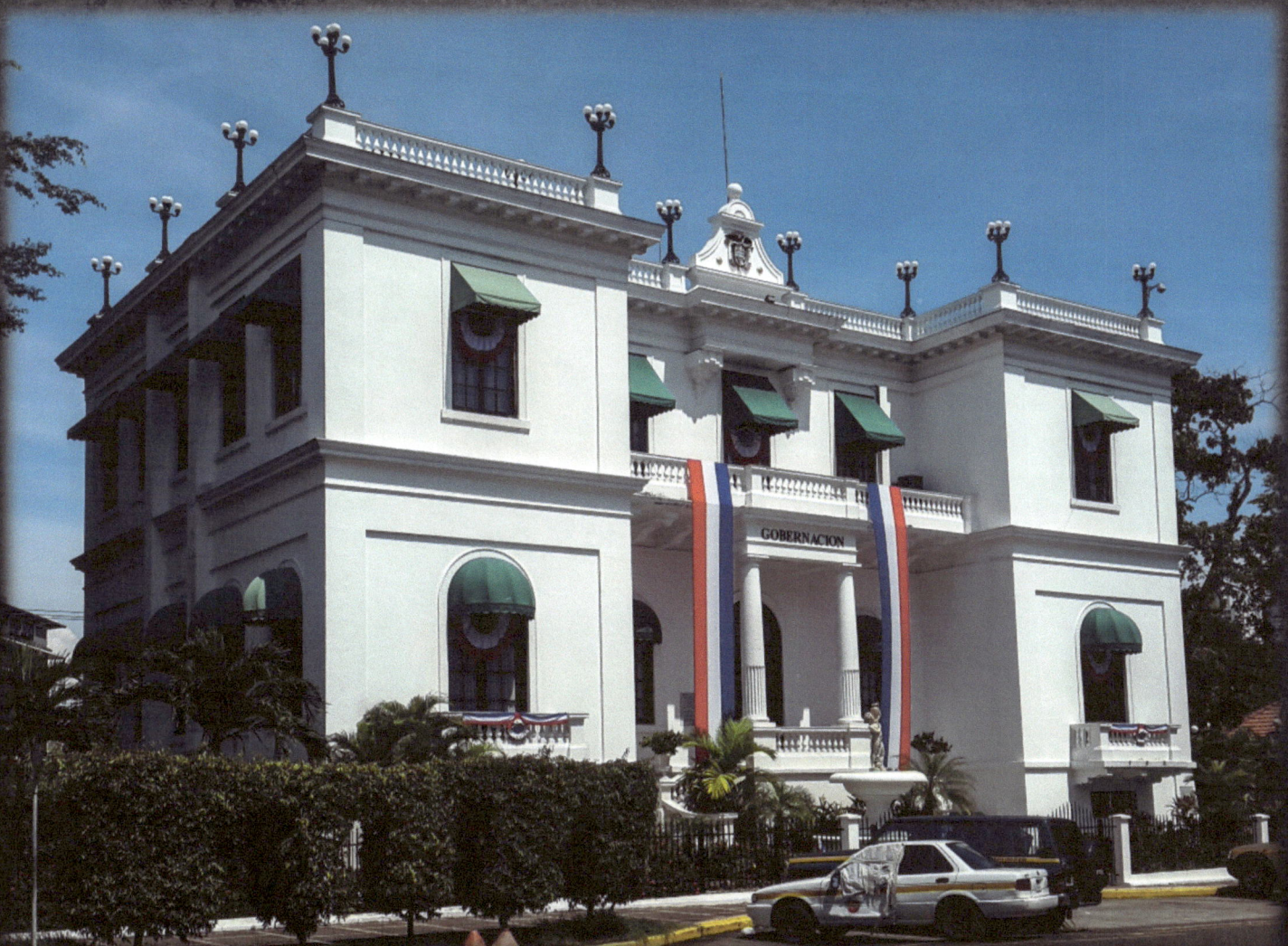

Varios de los edificios que se utilizan como oficinas gubernamentales tienen una historia importante para la República de Panamá. Uno de ellos y que no podemos dejar pasar desapercibido, es el inmueble donde opera actualmente la Gobernación de Panamá. Sólo al observar su fachada se aprecia el buen mantenimiento que se le está dando. Una fuente, a la cual se le da cuidado cada 8 días, adorna la entrada del palacio. Y qué decir cuando uno entra. La pulcritud y el aseo es una de las normas que se tienen en este edificio. Los muebles son de caoba y las escaleras de mármol, por lo que se requiere una limpieza especial. Siguiendo la limpieza, todo el piso del edificio, aunque usted no lo crea, es pulido periódicamente para mantenerlo impecable. Al subir, en el primer alto encontramos el mural "Matices de Soberanía", que tiene siete cuadros que guardan varios pasajes de Panamá: la entrada a la vida moderna con todos los colores del triunfo sostenido por la voz de América y el respaldo internacional, que dio como derecho legíti-mo a los panameños la posesión plena del Canal; y el nuevo Panamá que surge robusto y seguro de sí mismo.

Referencia: *http://www.panamaamerica.com.pa/content/en-el-palacio-del-gobernador*

Pabellón Español

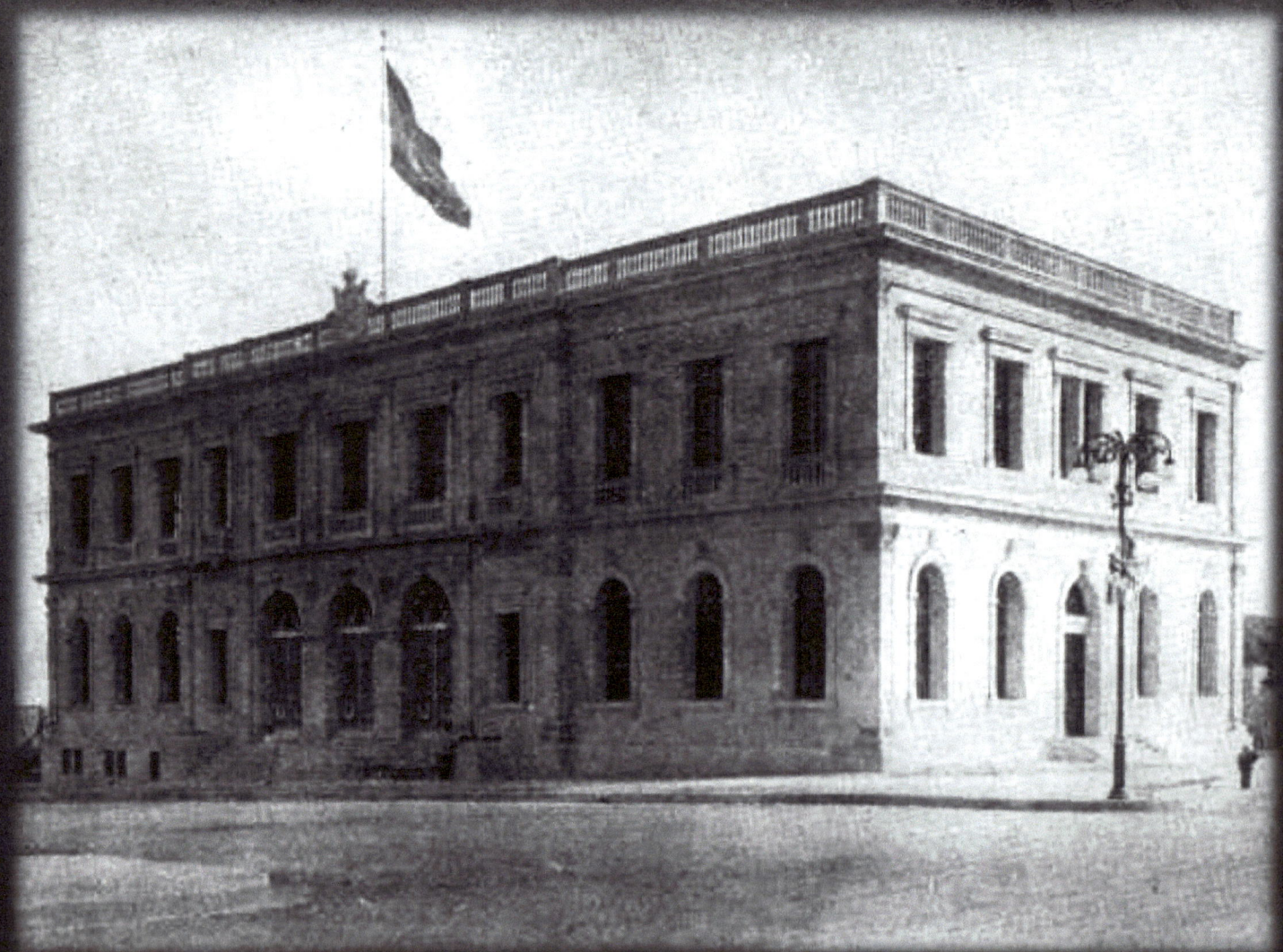

1916: Éste edificio es sin duda uno de los más hermosos y de más sólida construcción. Su estilo es severo al par que sencillo y su disposición interior consulta muchas ventajas y todas las condiciones que son indispensables para mantener allí una exhibición permanente de productos comerciales procedentes de España. Desgraciadamente, las graves dificultades en que se han visto envueltas todas las naciones europeas por la tremenda guerra del presente, han frustrado por el momento el propósito de la nación española e impedido que el edificio sea inaugurado por el momento, a pesar de los buenos oficios y el gran interés que en éste sentido ha desplegado el señor don Emilio de Motta, Comisario Regio de España ante el Gobierno panameño. El señor de Motta ha sido uno de los más decididos colaboradores extranjeros de la Exposición Nacional de Panamá.

Referencia: *Libro "La Exposición de Panamá (1916)"*

Embajada de España

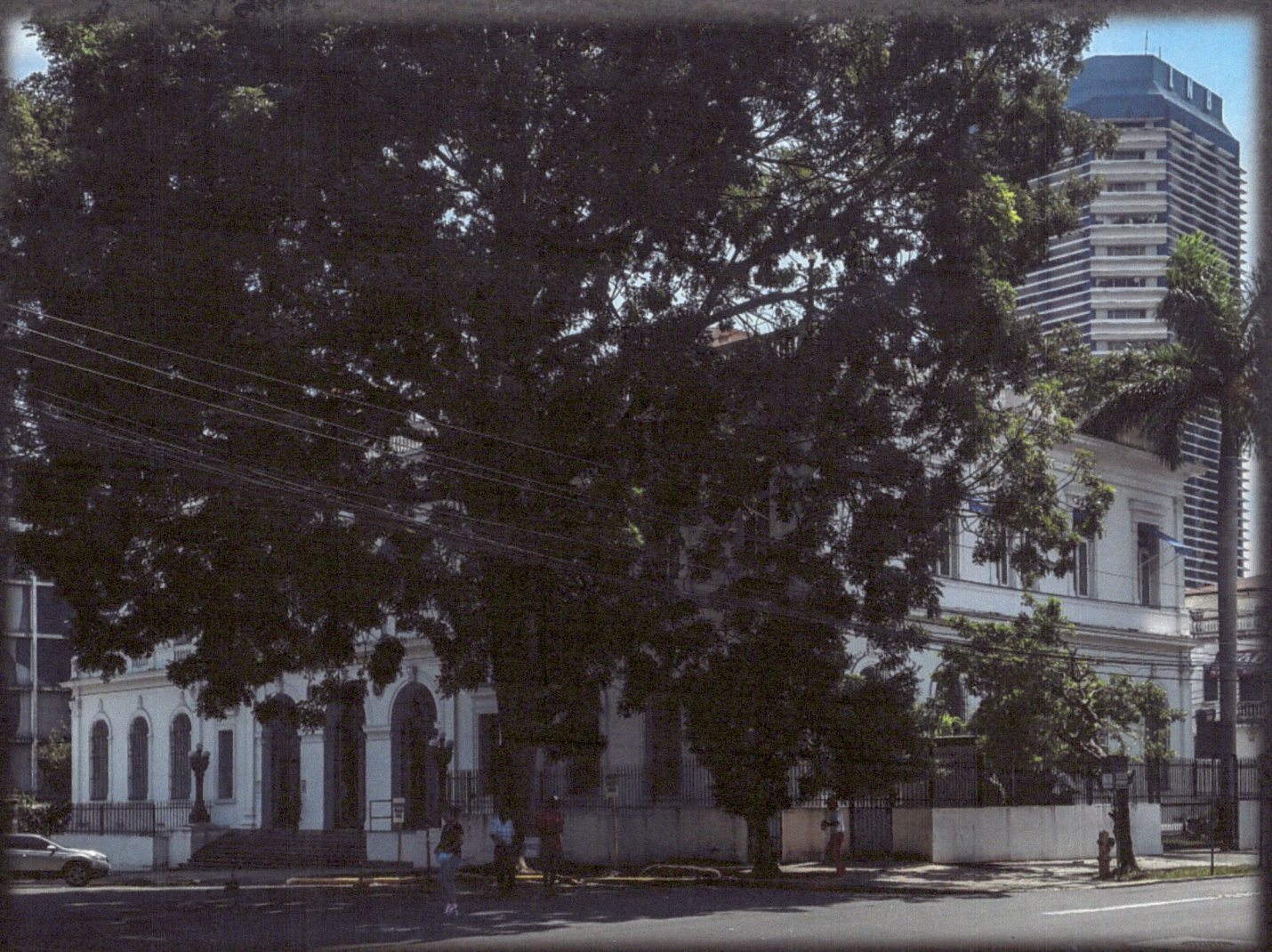

El edifico histórico que ocupa la Embajada de España desde su establecimiento en Panamá, es obra del ingeniero panameño Florencio Harmodio Arosemena. Las obras de su construcción se iniciaron el 1 de marzo de 1915. Fue inaugurado el 1 de septiembre de 1916 con la denominación de "Palacio de España", siendo Encargado de Negocios y Comisario Regio del Rey de España, Su Majestad Alfonso XIII, don Emilio de Motta y Ortiz. El costo de la obra fue de 104.559 dólares de la época. El terreno sobre el que fue construido fue cedido al Reino de España el 1 de diciembre de 1914, por un periodo de 99 años, en régimen de arrendamiento, por el Presidente Belisario Porras, siendo Secretario de Relaciones Exteriores de Panamá, Ernesto Lefevre. En su interior se han conservado las paredes revestidas con azulejos españoles de estilo morisco, las pinturas murales con los escudos de las provincias españolas, el suelo hidráulico original de cemento pigmentado, las lámparas de la época, de origen inglés, o las puertas originales de caoba.

Referencia: *http://www.exteriores.gob.es/Embajadas/PANAMA/es/Embajada/Paginas/Historia.aspx*

Palacio de Bellas Artes

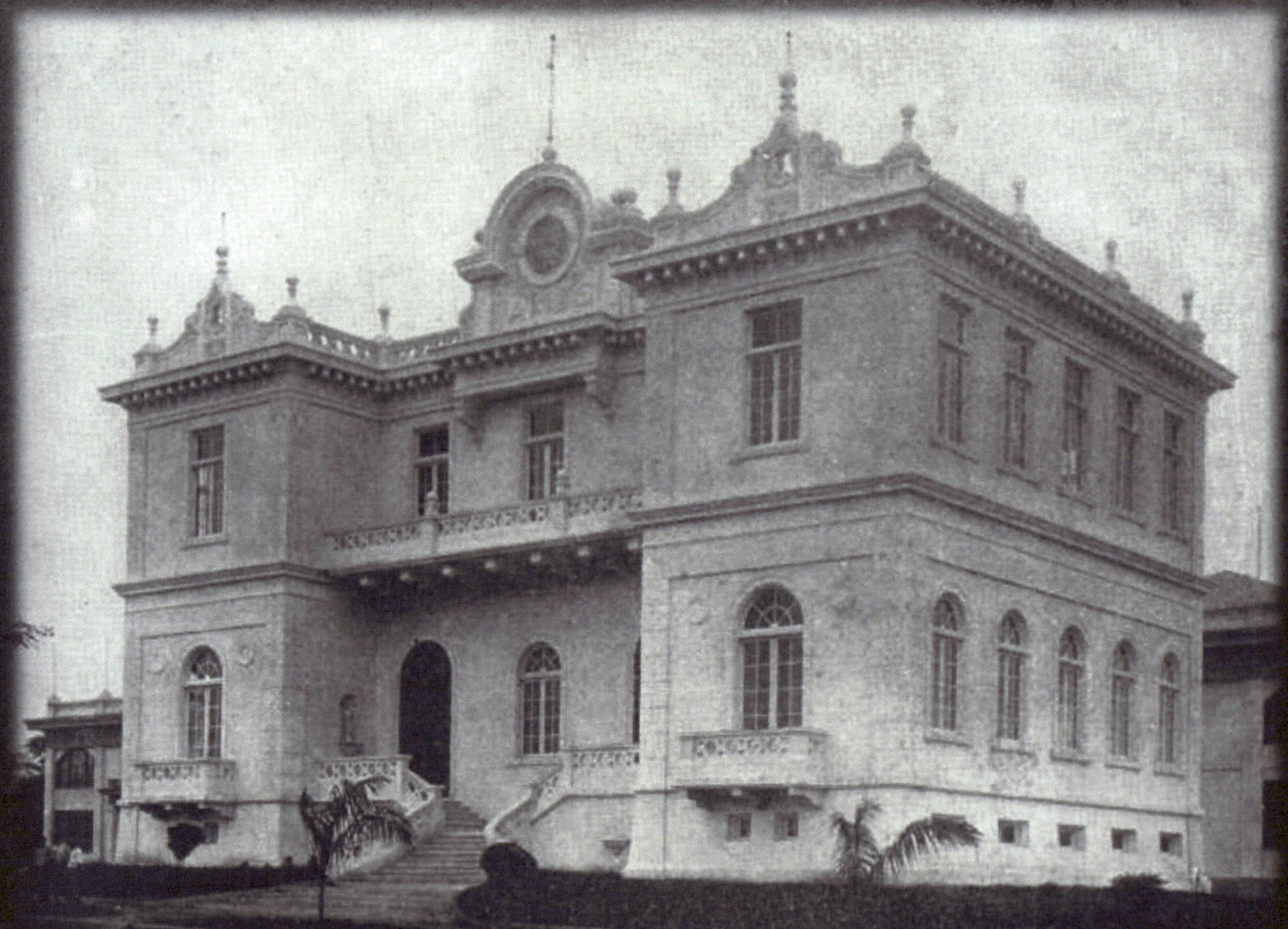

1916: Este edificio en su disposición y en su arquitectura no difiere [del Palacio del Gobierno] sino en muy pocos detalles. Las dos salas laterales del piso bajo están ocupadas por una colección muy valiosa de Historia Natural, cuidadosamente formada por el señor James Zetek, Director de la Exposición. En el piso alto se exhiben en el salón central, una valiosa colección de cerámica indígena procedente de la Provincia de Veraguas, formada con especial esmero por el señor don Héctor Conte B., uno de los pocos panameños que se han esforzado en corresponder al llamamiento del Gobierno para tomar parte en éste certamen de tendencias culturales. Las salas laterales están colmadas por cuadros de la Exposición de Pintura. Allí hay más de 33 estudios del célebre artista don Epifanio Garay, entre los cuales hay varios retratos de impecable factura: la señorita María Luisa Sosa exhibe unos 20 estudios muy notables, y el resto lo forman los muy recomendables estudios del maestro Roberto Lewis, Director de la Escuela Nacional de Pintura, junto con los trabajos de sus alumnos.

Procuraduría de la Administración

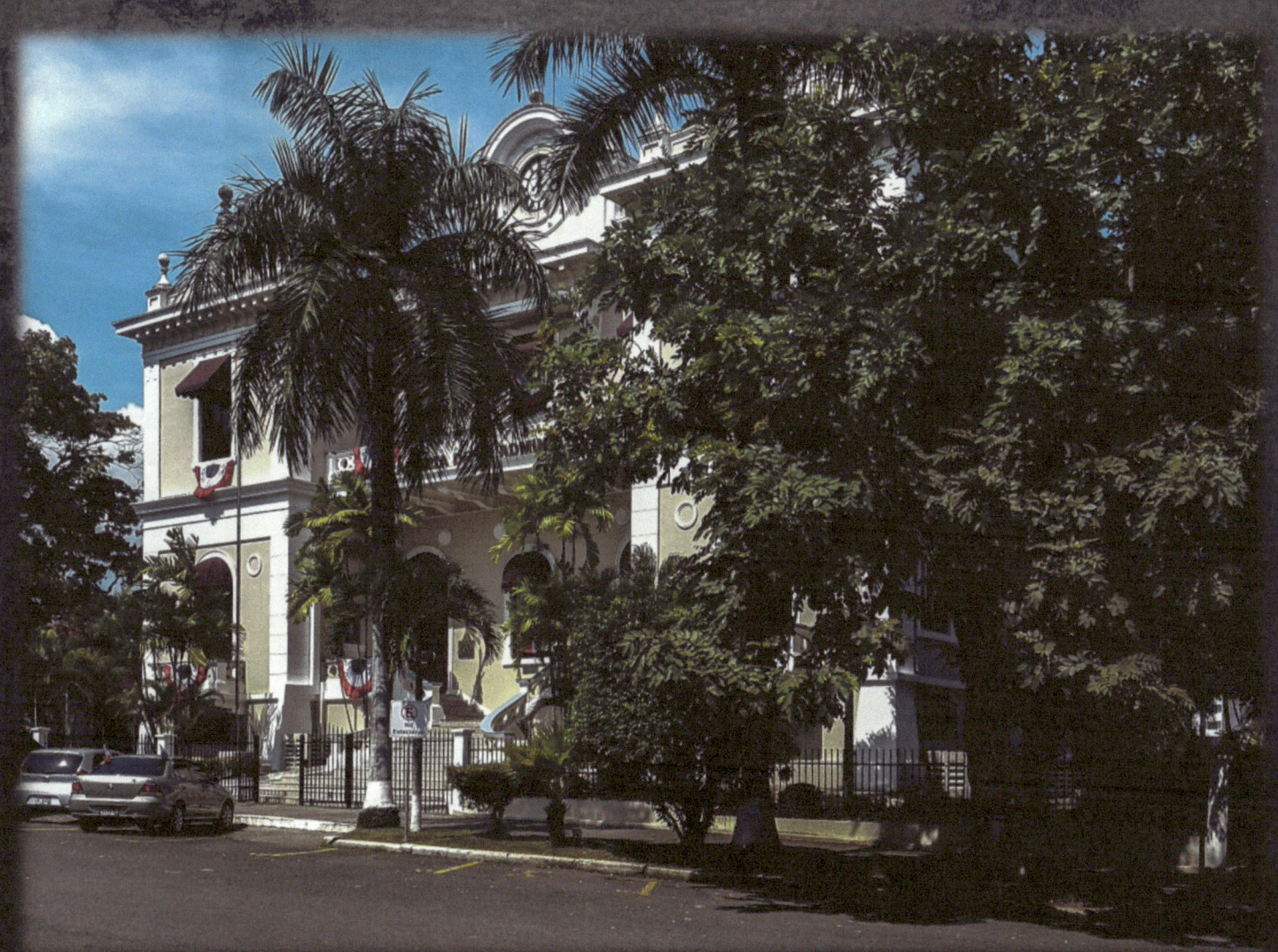

La Procuraduría de la Administración tiene sus orígenes en el año de 1943, cuando la Asamblea Nacional de ese entonces dictó la Ley 135 del 30 de abril de ese año, para desarrollar la Jurisdicción Contencioso Administrativa que había Institucionalizado la Constitución de 1941. De acuerdo con lo que establece la Constitución Política de la República, el Procurador General de la Nación y el Procurador de la Administración serán nombrados de acuerdo con los mismos requisitos y prohibiciones establecidos para los Magistrados de la Corte Suprema de Justicia; y sus faltas temporales serán cubiertas por un funcionario del Ministerio Público, en calidad de Procurador Encargado, que cumpla con los mismos requisitos para el cargo. En tal virtud, el Procurador de la Administración tiene la misma jerarquía, prerrogativas y derechos que los Magistrados de la Corte Suprema de Justicia, el Procurador General de la Nación y los Ministros de Estado. Tiene jurisdicción a nivel nacional al igual que la Corte Suprema de Justicia y la Procuraduría se

Pabellón del Comercio

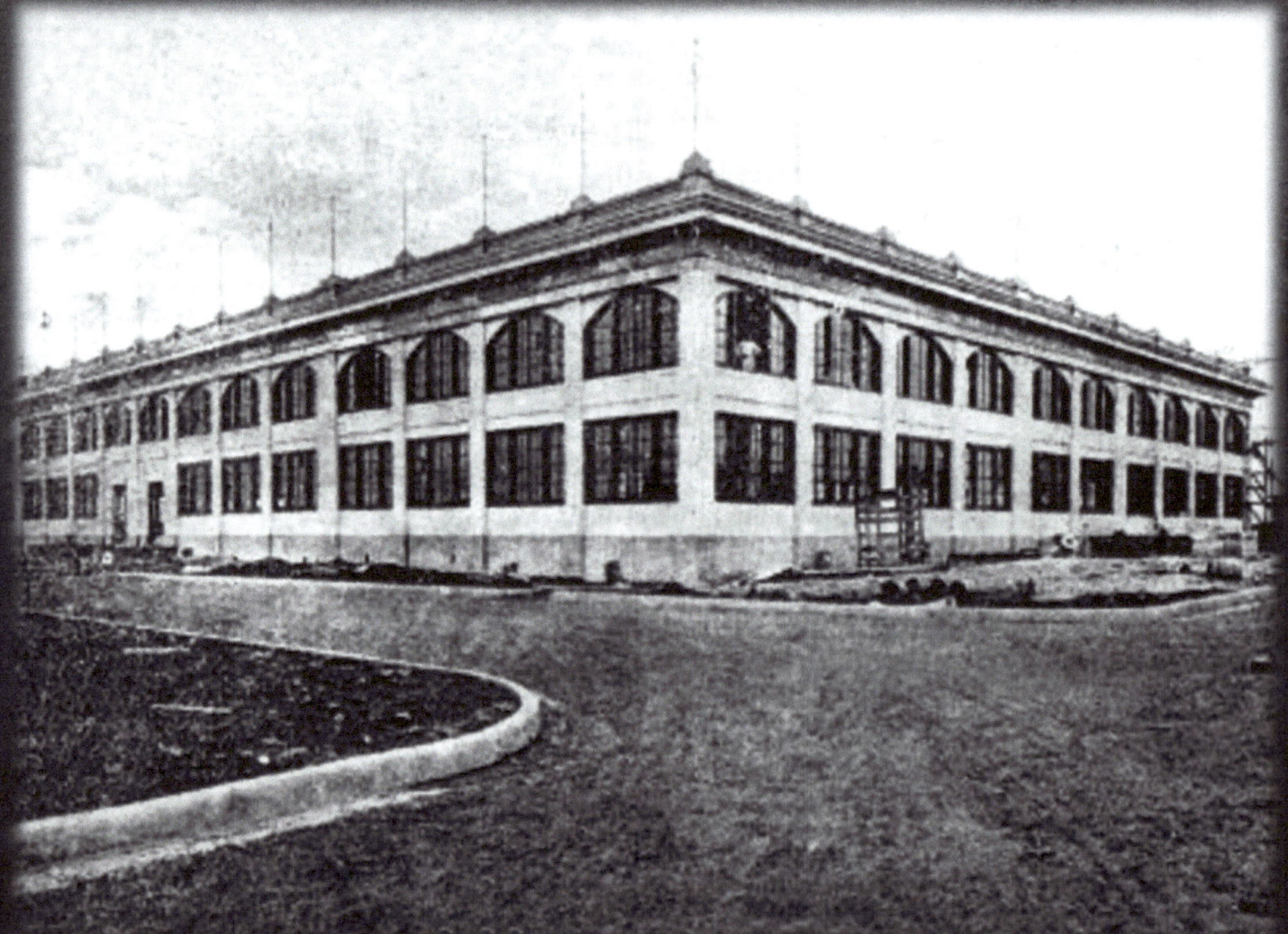

1916: Indudablemente éste pabellón es el más espacioso y el que encierra mayores atractivos para el visitante; allí se puede admirar con toda clase de detalles y de referencias el poderío naval y militar de los Estados Unidos y otras manifestaciones prodigiosas de aquella gran nación en el orden industrial y científico. A la entrada nos sorprende un cebú filipino unido a un carro y en actitud de emprender camino; esta disecación es perfectísima y junto con el carro nos da una cabal idea de lo atrasada que está la locomoción y el acarreo en aquellas islas hoy bajo el control norteamericano. Del lado opuesto se exhibe un *Dry Dock* en miniatura que nos muestra el procedimiento fácil de poner en tierra los barcos de enorme tonelaje. Cerca podemos admirar todo lo relacionado con la balística y los explosivos, desde el algodón, la pólvora y las municiones de todo calibre, hasta los cañones de 13 pulgadas. Entre todo este mortífero material se destaca un torpedo reluciente, acompañado de un corte longitudinal que explica el mecanismo interior.

Referencia: *Libro "La Exposición de Panamá (1916)"*

Parque Francisco Arias Paredes

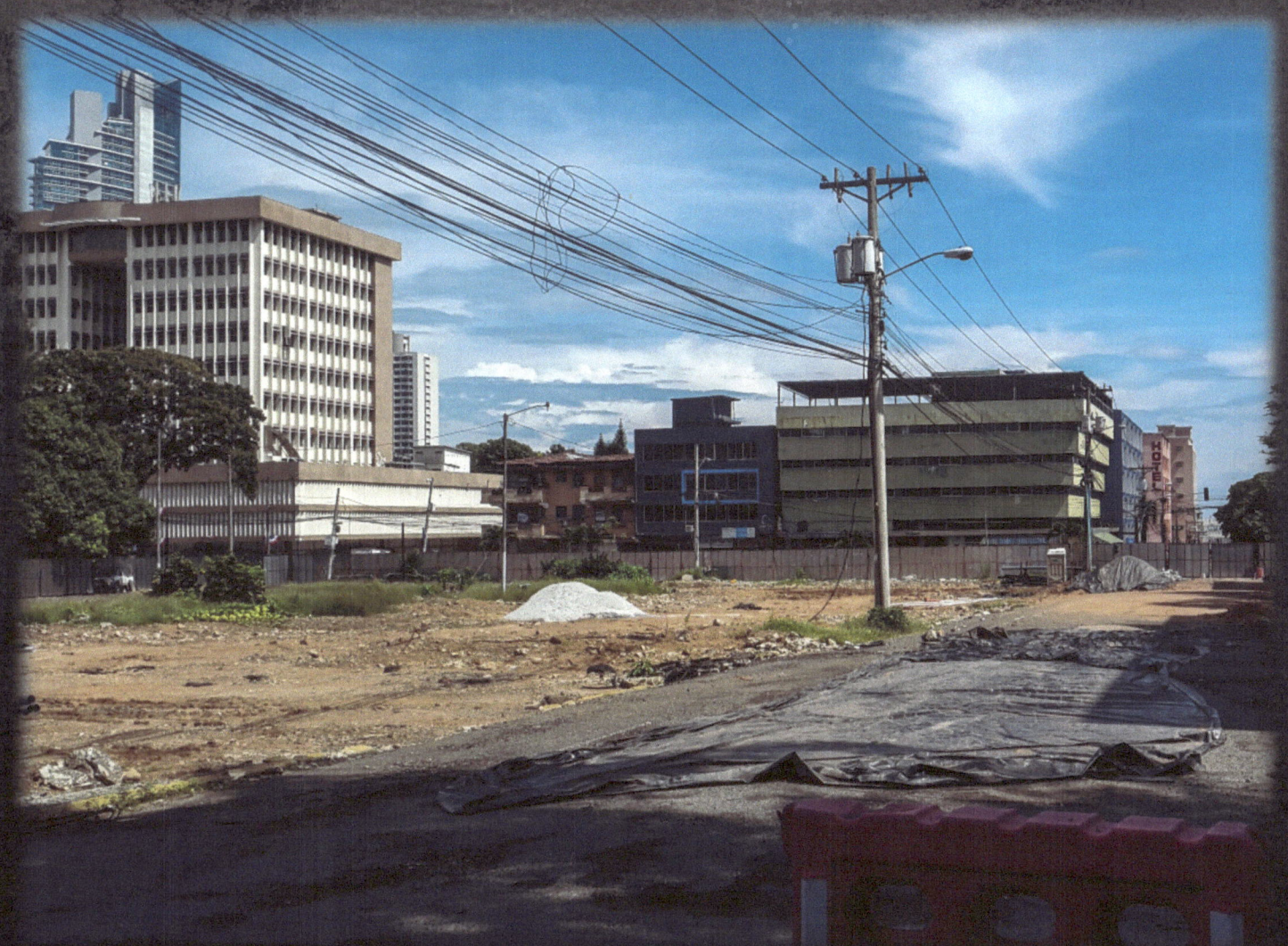

Más de 1.000 estacionamientos habilitará la Alcaldía de Panamá en tres proyectos, que incluyen el parque Francisco Arias Paredes, el Mercado de Artesanías y la construcción de un nuevo edificio de 12 pisos en Ave. B, donde anteriormente operaban las oficinas municipales, sin embargo, expertos en el tema insisten en que todavía se sigue construyendo una ciudad para los autos. Durante la administración de la ex alcaldesa Roxana Méndez se licitó la construcción de 309 estacionamientos en el parque Francisco Arias Paredes y 350 debajo del Mercado de Artesanías, en la Plaza 5 de Mayo, proyectos que ha continuado el actual alcalde capitalino, José Blandón. Los trabajos en el parque Francisco Arias Paredes ya iniciaron y están a cargo de la empresa Estacionamientos Unidos a un costo de $ 6,9 millones, mientras que la construcción de los estacionamientos soterrados en el Mercado de Artesanías está a cargo Dynamic 5 S.A., a un costo aproximado de $11,5 millones.

Referencia: *http://www.capital.com.pa/mil-estacionamientos-nuevos-creara-la-alcaldia-de-panama/*

Pabellón de Agricultura

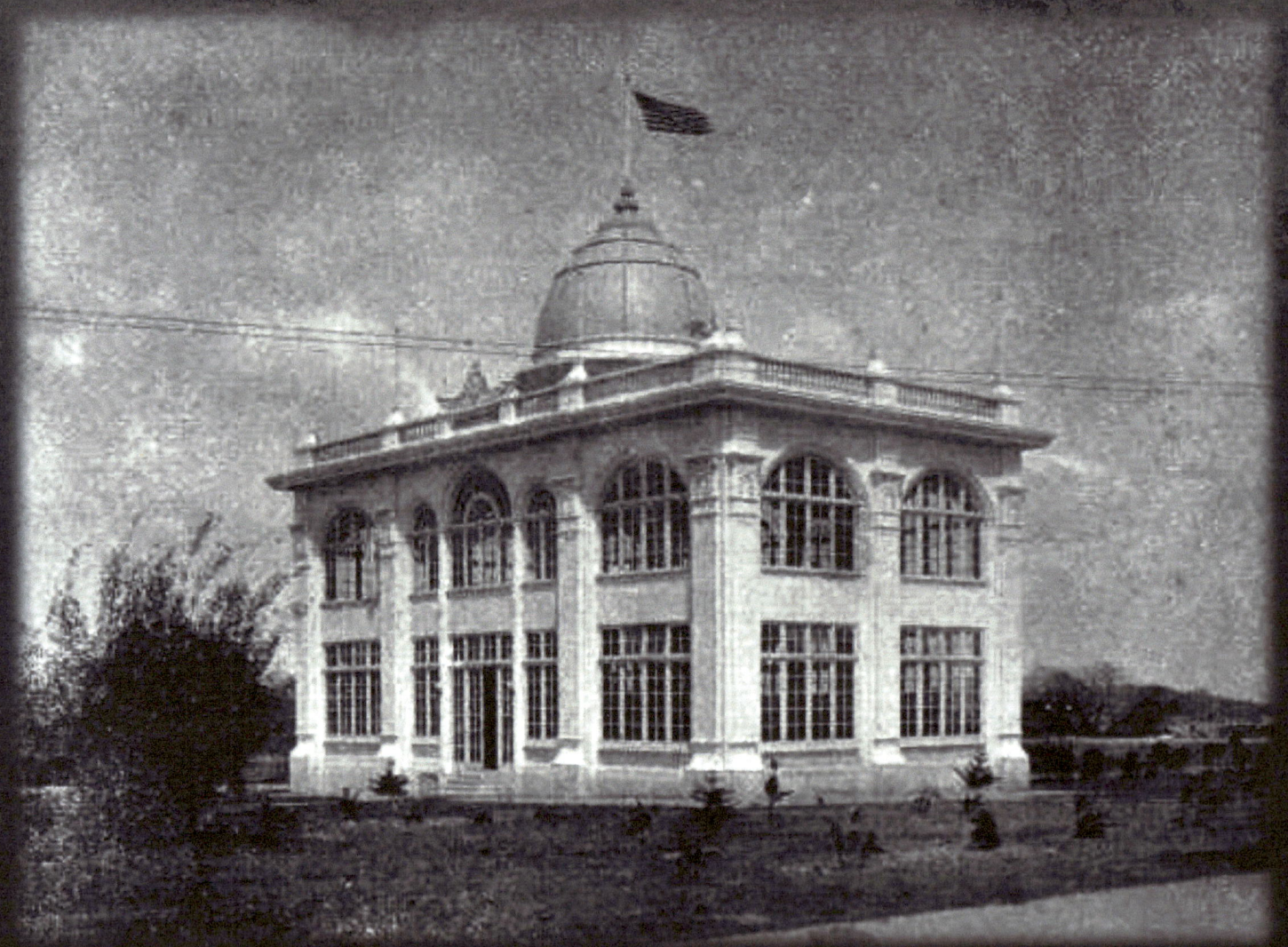

1916: Éste es uno de los edificios de la Exposición de más efecto artístico; es el más pequeño y el más simpático, y durante las noches la iluminación lo hace más atractivo; sin embargo, el público lo frecuenta poco, quizás por la circunstancia de estar un poco retirado del conjunto. Esto en cuanto al aspecto exterior; en cuanto al interior, bien podemos afirmar sin riesgo de exageración, que es el que contiene las exhibiciones de más interés. El primer piso está dedicado al muestrario de los productos agrícolas de los Estados Unidos con las referencias del caso y con anotaciones estadísticas de sumo interés; en el mismo piso hay toda una enseñanza sobre *Packing-Houses* que recomendamos especialmente a los expendedores de carnes y a los veterinarios. En el segundo piso, que vamos a describir detalladamente, está instalada la exhibición de carreteras, caminos y puentes con una serie de muestrarios y de fotografías ilustrativas admirablemente presentados. Allí pueden consultarse objetivamente todas las referencias y todas las experiencias en materia de vías de comunicación.

Ministerio de Economía y Finanzas

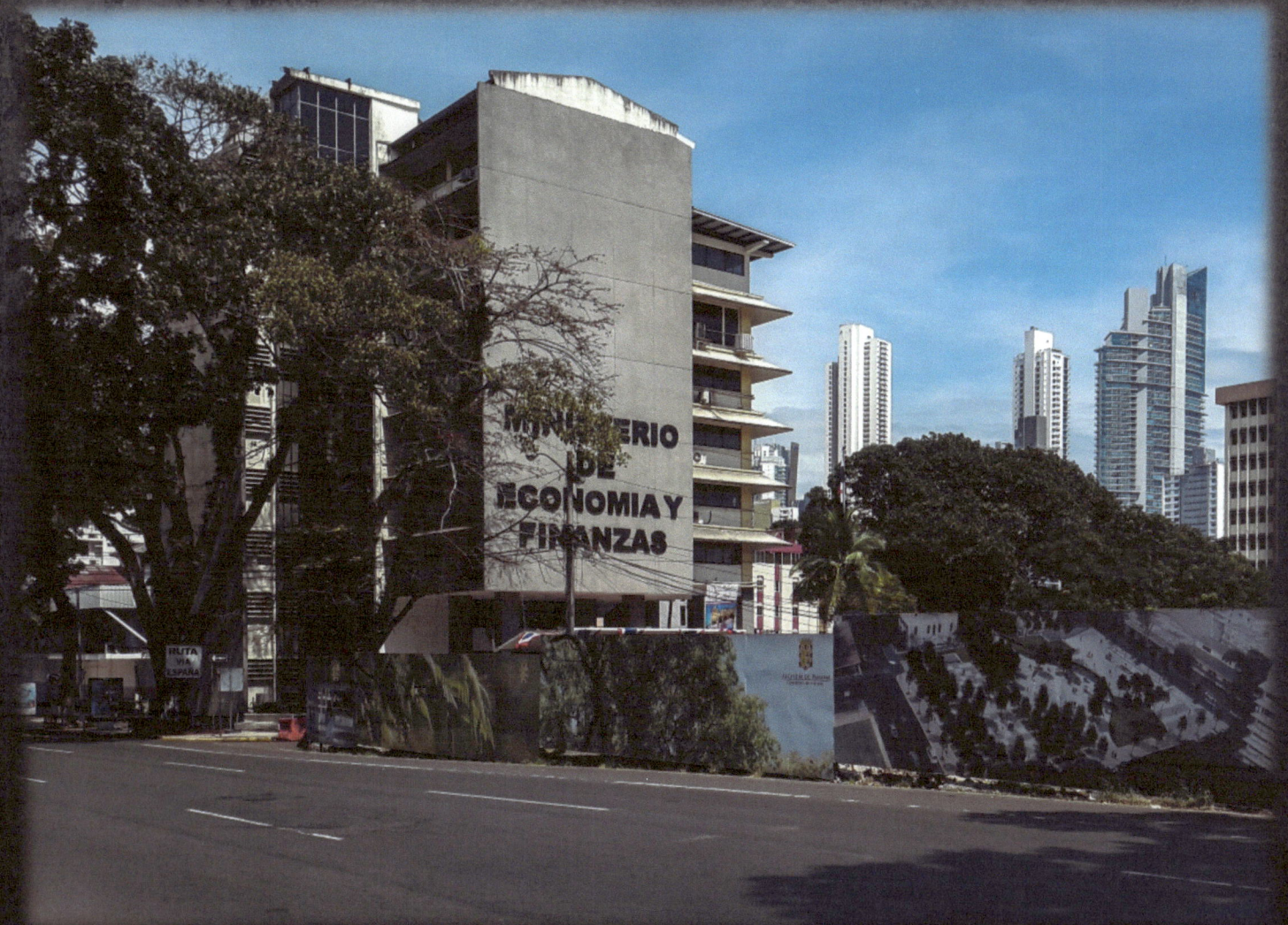

Un edificio emblemático fue el pabellón de Agricultura, que contenía exhibiciones de los avances agrícolas en Estados Unidos que serían adoptados en Panamá. Lastimosamente fue demolido en 1953 para dar paso a los edificios de los ministerios de Hacienda y Tesoro, Trabajo Bienestar Social y Salud, y Contraloría. En sus jardines habían muestras de diversas variedades agrícolas, ganado, y huertas así como un amplio parque. Estaba donde hoy están los edificios de Ministerio de Economía y Finanzas, antes de Hacienda y Tesoro, Trabajo Bienestar Social y Salud. Este pabellón se retuvo y se le dio uso mientras estuvieron las Escuelas Normal de Institutoras y el Liceo de Señoritas. El parque y jardines eran utilizados para la recreación y ejercicios gimnásticos de ambas escuelas. En la cuadra al sur de donde estuvo el pabellón de Agricultura y a un costado de las Concesiones, se erigió apenas unos meses después de la apertura de la Exposición en mayo de 1916, el Hospital Panamá. Un grupo de médicos del Hospital Gorgas decidieron abrir un hospital privado con todos los avances desarrollados en aquel.

Referencia: *https://bosquesurbanospanama.wordpress.com/parque-francisco-arias-paredes-tambien-tiene-quien-lo-defienda/*

Pabellón de Instrucción Pública

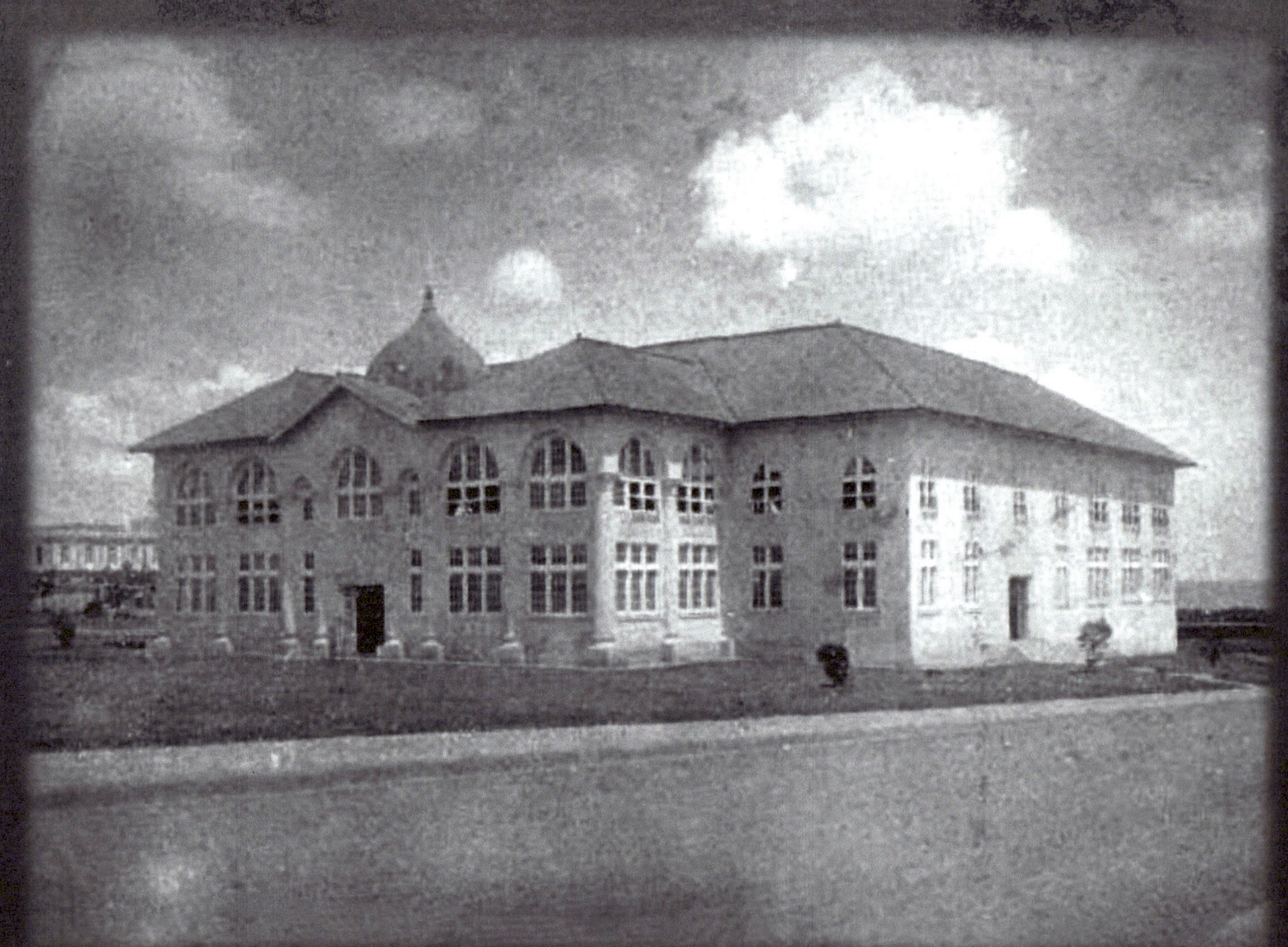

1916: Éste edificio es uno de los más amplios de la Exposición y su arreglo concuerda con su objetivo. La planta baja está ocupada por las muy valiosas exhibiciones de los Estados Unidos en lo referente a Instrucción Pública; la parte alta está destinada a los muy interesantes trabajos de las escuelas panameñas, que a su turno describiremos detalladamente. A la entrada del edificio y como para interesar vivamente a los visitantes sobre los prodigiosos avances y el desarrollo sin ejemplo de la instrucción popular en la gran Nación, aparece un cuadro con anotaciones de estadística escolar y cuyas cifras son realmente fabulosas. En el primer compartimiento aparece en miniatura el modelo simpatiquísimo de una escuela rural americana, acompañada de las correspondientes vistas fotográficas que nos hacen conocer su interior; admirablemente dispuesto y aseado hasta la exageración. La vista de la escuelita sugiere muy amables consideraciones: le parece a uno estar viendo llegar en medio de la nieve todo un enjambre de chiquitines alegres y bulliciosos, buscando el confortable calor de la escuela y las amabilidades de la señorita maestra.

Referencia: Libro "La Exposición de Panamá (1916)"

Lotería Nacional
de Beneficencia

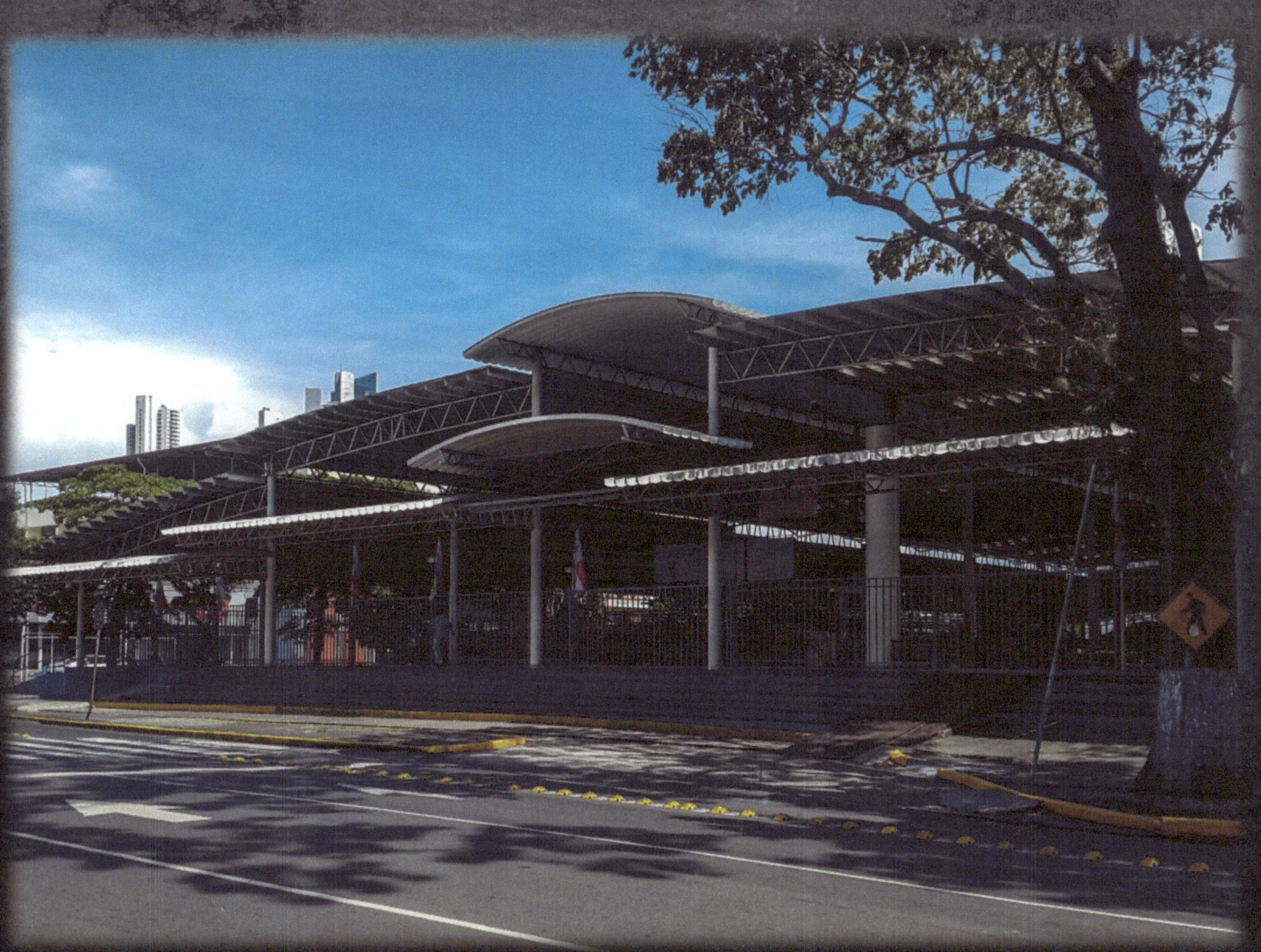

En 1914 se le dio el nombre de Lotería Nacional de Panamá, que luego por mandato del Presidente Belisario Porras, se le cambió a Lotería Nacional de Beneficencia. El 19 de marzo de 1919, inició la venta de billetes y seguidamente el 30 del mismo mes, se celebró el primer sorteo, en el que salió favorecido el número 1705; por lo que esta fecha (30 de marzo) quedó establecida como aniversario de la institución. En 1938 se introduce el chance ya que solamente se jugaban billetes. A partir de 1942 se efectúan 3 sorteos Extraordinarios, lo que despertó gran entusiasmo en el público agotándose por completo los billetes ese año. El 11 de octubre de 1977 se inauguró el edificio que actualmente ocupa la sede principal de la Lotería Nacional de Beneficencia, ubicado entre las avenidas Cuba y Perú ; y las calles 30 y 31. El 31 de diciembre de 2010 se realizó por primera vez, el Gordito del Zodíaco Millonario, sin la repetición del folio. El 23 de octubre de 2013 se realizó el lanzamiento oficial de la Lotería Instantánea, mejor conocida como Raspadito Pim Pao; tendiente a modernizar y brindar más opciones a los clientes.

Referencia: *http://loterianacional.gob.pa/webpage/index.php/loteria/historia-de-la-loteria*

Palacio de Cuba

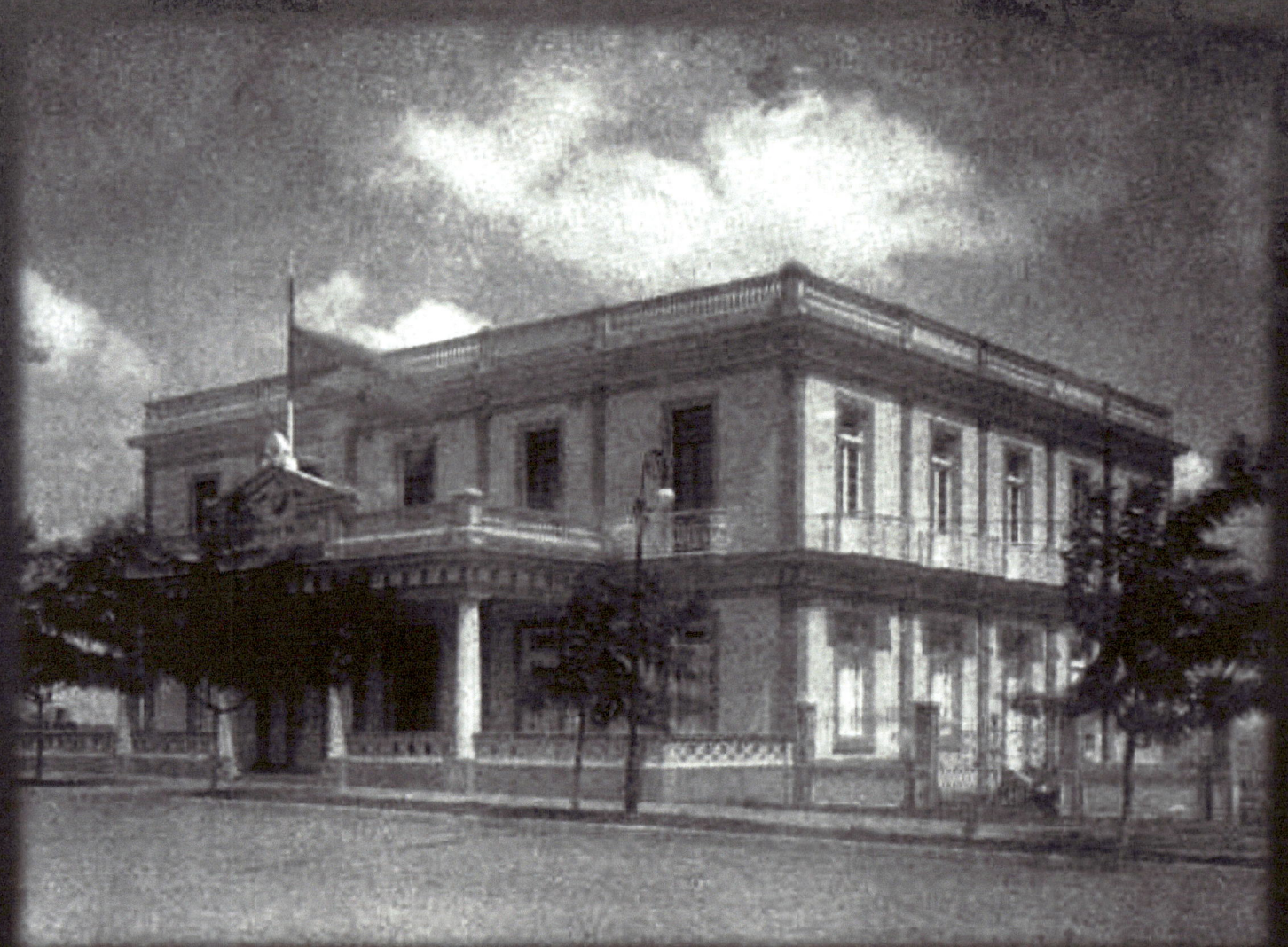

1916: El Palacio de la Perla Antillana es una fiel copia de las viviendas cubanas del presente, es decir, es confortable, sencillo y elegante. Allí se instalará como en el de España, una exposición permanente de los productos cubanos de tan obligado consumo en toda la América y en Europa. Su inauguración se hará dentro de breve tiempo. Los esfuerzos que ha realizado el señor Alcalde, Encargado de Negocios de la República cubana en Panamá, con el propósito de cristalizar en hechos cumplidos el debido y necesario acercamiento de las Repúblicas americanas, ha tenido como consecuencia final la erección de este simpático edificio y de la exposición permanente que en él se instalará. El señor Gutiérrez Alcalde es hombre que hace antes que decir; simpatizó con la Exposición Nacional de Panamá y de hecho se convirtió en un colaborador infatigable y decidido.

Referencia: Libro *"La Exposición de Panamá (1916)"*

Embajada de Cuba

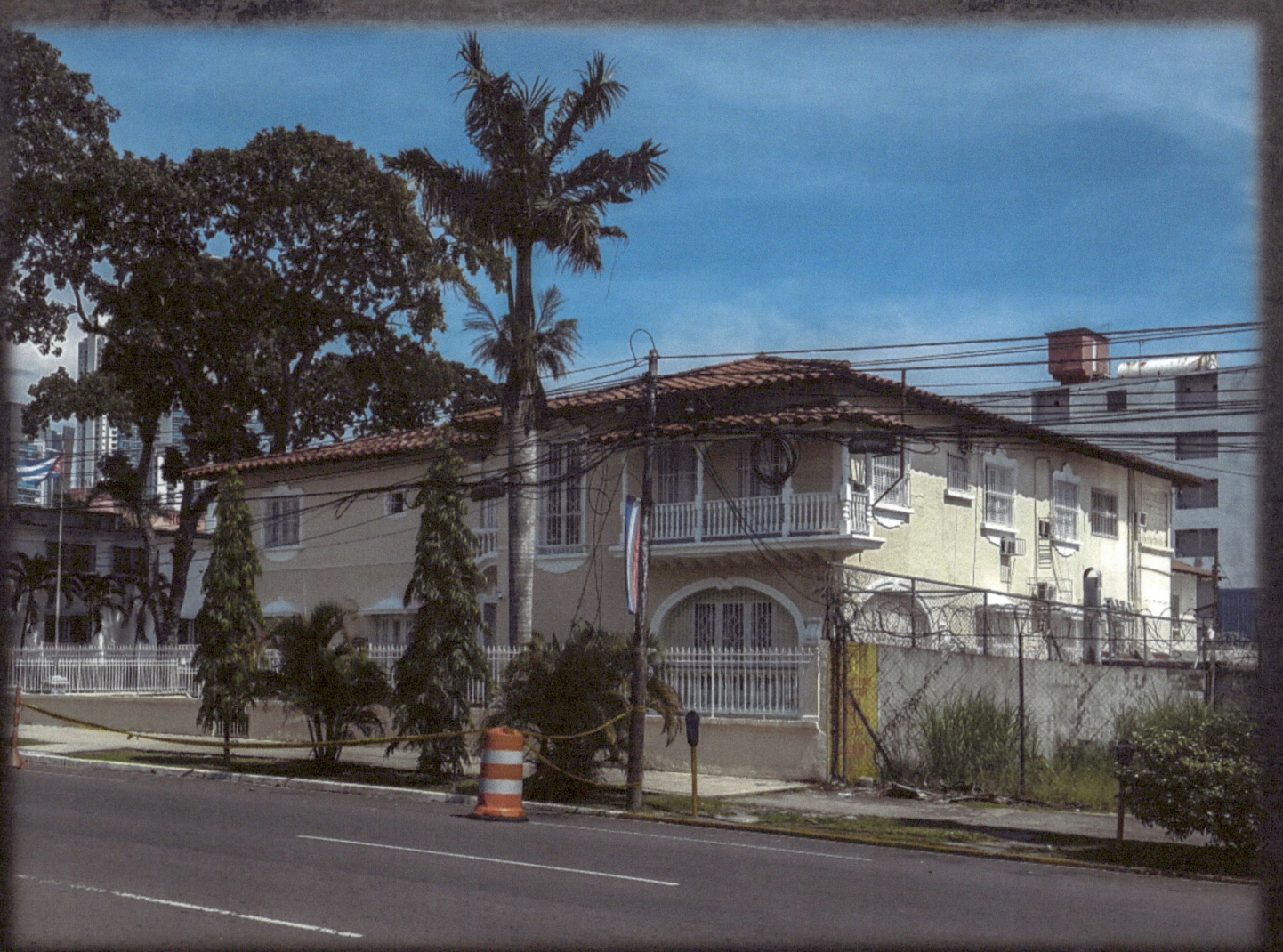

La Exposición fue la primera intervención del Estado en el ámbito urbano, dejando un brillante legado. En esencia, el barrio de La Exposición, actual barrio Belisario Porras, mediante Ley 107 de 1943, se convirtió en un hito de modernización de la ciudad colonial hacia el área suburbana y hoy día permanece como el más destacado sector de la ciudad con adecuada planificación por parte del Estado y considerado como un importante caso de estudio de planificación urbana. Los días gloriosos del barrio sucumbieron ante los años de la posmodernidad y al abandono. Edificios y usos discordantes se tomaron sus zonas, igual que los locales que invaden el espacio público. Además, con la partida de un significativo segmento de su población inicial, el área ha perdido su vitalidad, se ha tornado insegura e insalubre, y ha perdido gran parte de su carácter original. Algo que caracteriza la actual tendencia de crecimiento de nuestra ciudad es la falta de coherencia y orden entre los estilos arquitectónicos, sin respeto hacia sus estructuras históricas. Es por ello que la visión de Belisario Porras parece haberse perdido.

Referencia: *http://impresa.prensa.com/opinion/vision-Porras-Exposicion-Alessandra-Treuherz_0_4083341700.html*

Exposición Nacional de Panamá

CON EL CONCURSO DE TODAS LAS NACIONES

100 días   INAUGURACION OFICIAL EL 6 DE FEBRERO DE 1916.   **100 días**

IMPORTANTE REPRESENTACION DE LOS RECURSOS NATURALES DE LA REPUBLICA

UNICA OPORTUNIDAD DE VER LA CREMA DE LAS EXHIBICIONES EXPUESTAS POR EL GOBIERNO AMERICANO EN LA EXPOSICION INTERNACIONAL DE SAN FRANCISCO DE CALIFORNIA.

Abierta de 3 p. m. a 11 p. m. diariamente

B|. 0.25 Precio de entrada

Libros de 100 tiquetes por B|. 5.00

DE VENTA EN LOS PRINCIPALES ESTABLECIMIENTOS DE LA CIUDAD

Conciertos todas las noches. Paradas Militares y otros atractivos.

Cuando el presidente Belisario Porras asumió el poder Ejecutivo en 1912, la deuda pública del país ascendía a un millón de dólares. El país estaba atrasado y el estrenado presidente quería insertar a Panamá en el desarrollo y modernizar la capital. Salvo el Casco Antiguo, San Felipe, Santa Ana y el área canalera, no había otras zonas urbanas modernas en un país que solo era habitado por 340,000 personas, casi la misma cantidad de ciudadanos que hoy residen en el distrito de San Miguelito. Entonces, para levantar la cara del país, celebrar el IV centenario del descubrimiento del Mar del Sur y la inauguración del Canal de Panamá, Porras aprobó la Ley N° 42 de 13 de diciembre de 1912 que hacía obligatoria la realización de una feria agrícola, a través de la Exposición Internacional de Panamá con 13 pabellones que serían representados varios países invitados. En principio, solo se habían invitado a países del continente americano y España, pero los comerciantes locales exigieron su participación. Así pues, países de otros continentes también se unieron a la gran actividad.

Referencia: *http://www.panamaamerica.com.pa/tema-del-dia/la-exposicion-entre-lotes-baldios-y-desarrollo-urbano*

Parque de la Exposición, posteriormente plaza Cervantes y, en la actualidad, plaza Porras.

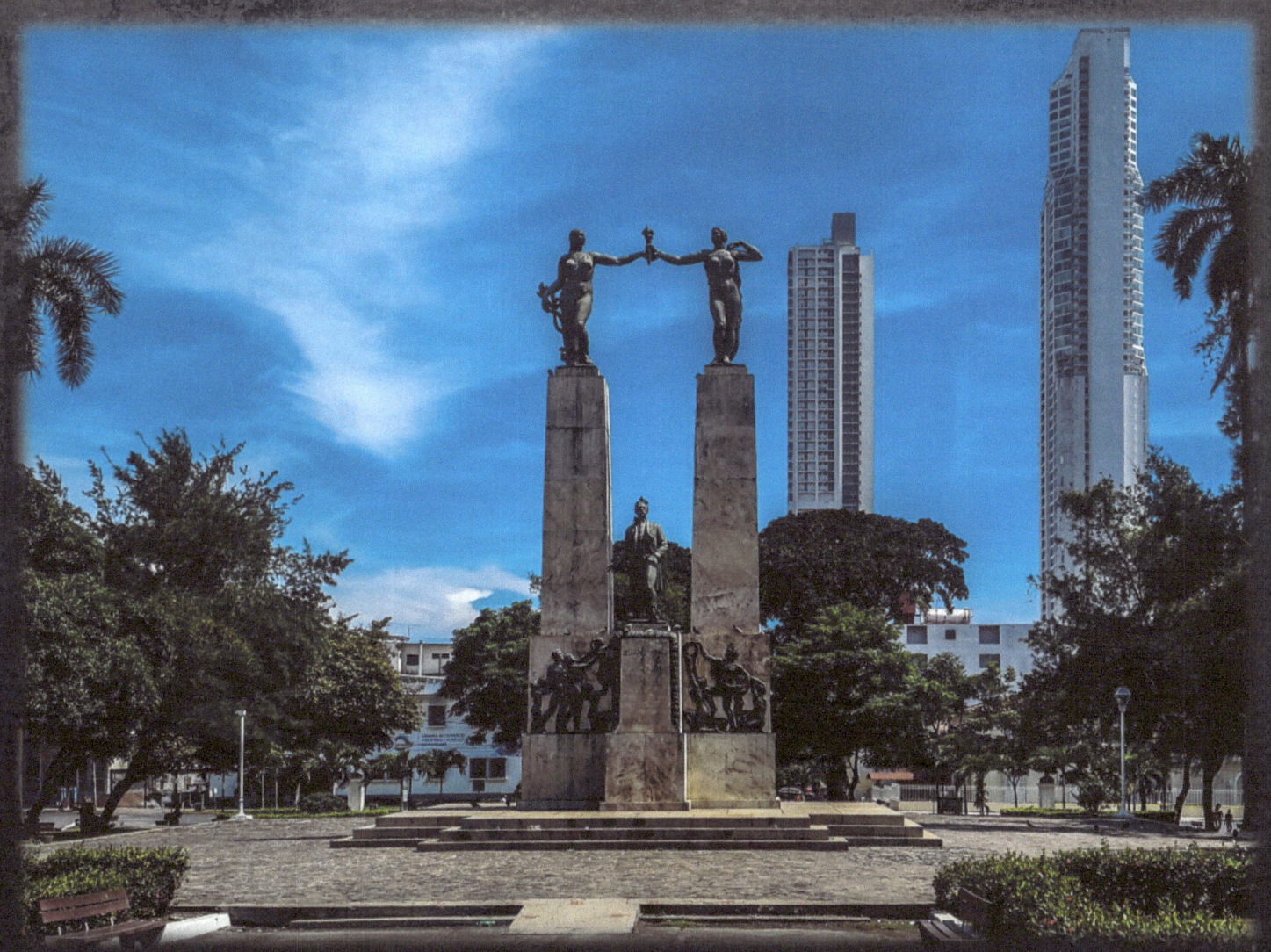

El gobierno de Belisario Porras hizo algo similar al crear el barrio de La Exposición en 1912, compró la tierra a varios propietarios privados integrando una sola propiedad, pero luego tuvo que enfrentarse a los mezquinos intereses inmobiliarios locales que no concebían que alguien más que ellos – ni siquiera el Estado – pudiera apropiarse de los incrementos en valor resultantes de esas mejoras públicas. La gran plaza, hecha con la intención de simbolizar la hispanidad, se llamaba originalmente plaza Cervantes. En 1943, tras la muerte de Belisario Porras, fue rebautizada como plaza Porras; el célebre escultor español Victorio Macho (1887-1966), que en ese entonces vivía exilado en Lima, hizo el monumento de mármol y bronce, el cual fue develado en 1948. Las figuras sobre los obeliscos que flanquean la estatua de Belisario Porras representan la Libertad y la Democracia; los relieves de la base muestran las nueve provincias. Los desnudos, musculosos y heroicos, son un excelente ejemplo de un academicismo tardío muy ligado al art déco e influido por la escultura griega.

Referencia: *GUÍA DE ARQUITECTURA Y PAISAJE DE PANAMÁ / Eduardo Tejeira Davis*

Gran Vía, hoy avenida Ecuador, que conectaba el Templo Cívico con el parque de la Exposición.

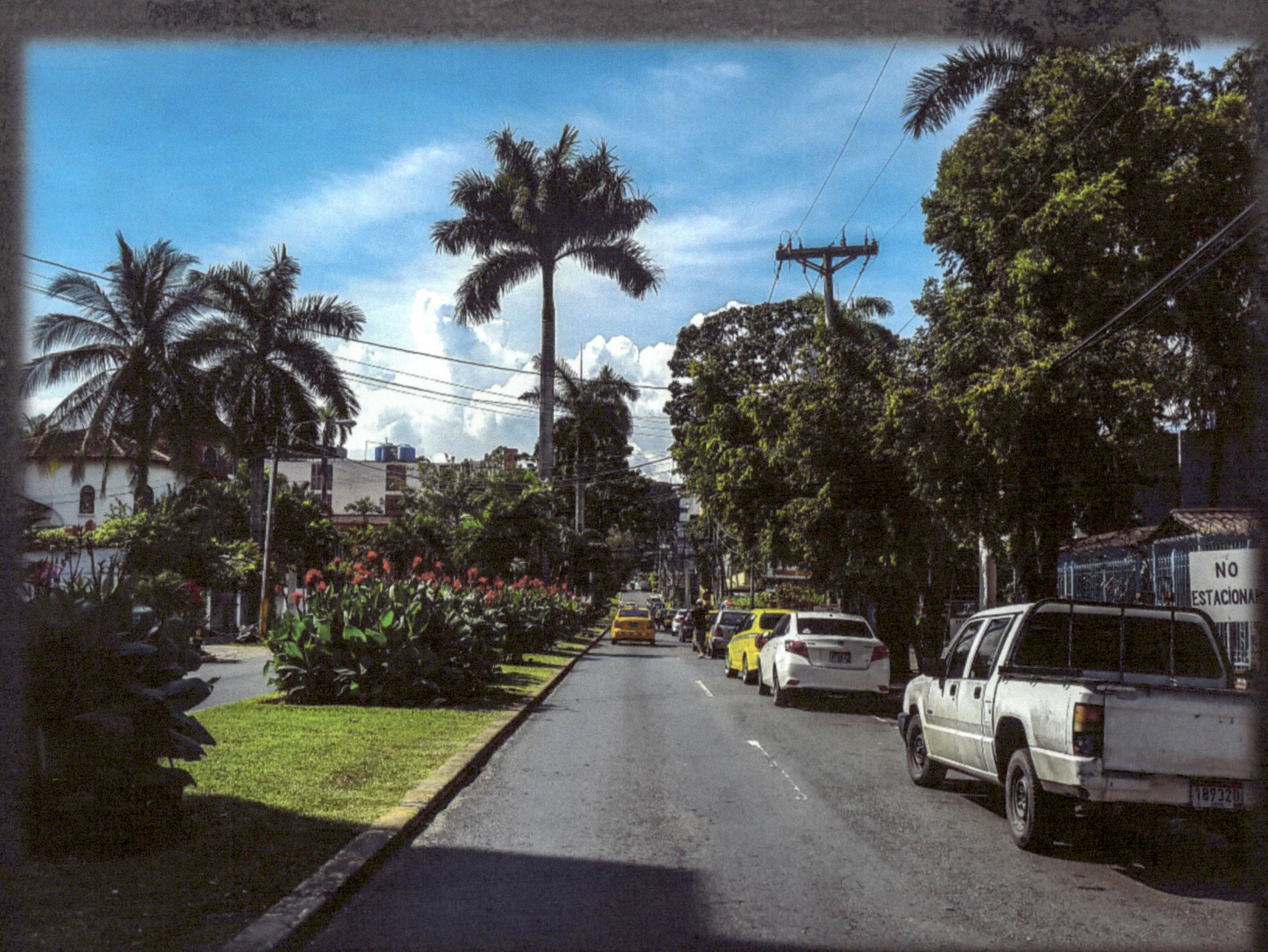

El ensanche de La Exposición surgió a raíz de la Exposición Nacional de Panamá, concebida en 1912 por el presidente Belisario Porras para celebrar la hermandad hispánica y el IV centenario del descubrimiento del Océano Pacífico. El Estado adquirió la hacienda conocida como «El Hatillo» para llevar a cabo el evento. Se trazó una retícula ortogonal con una plaza monumental en el centro; en la ciudad de Panamá del siglo XX, ésta fue la única vez que se hizo un ensanche inspirado específicamente en la ciudad colonial hispánica. Las catorce manzanas iniciales eran grandes y las calles tenían una holgura desconocida hasta ese entonces en la apiñada urbe. Otro elemento novedoso fue la «Gran Vía» (hoy avenida Ecuador), que vinculaba la plaza con el litoral. Algunos años después, el área se empezó a desarrollar como un verdadero ensanche y se trazaron nuevas calles para ampliar la retícula. Las avenidas Ecuador y Perú se convirtieron en alamedas, pensadas para una arquitectura residencial de alto costo. Parte de la avenida Ecuador (a diferencia de la avenida Perú) conserva su antiguo carácter suburbano.

Referencia: *GUÍA DE ARQUITECTURA Y PAISAJE DE PANAMÁ / Eduardo Tejeira Davis*

Área de Concesiones dónde se erigió el hospital Panamá y luego se construyó el edificio Hatillo.

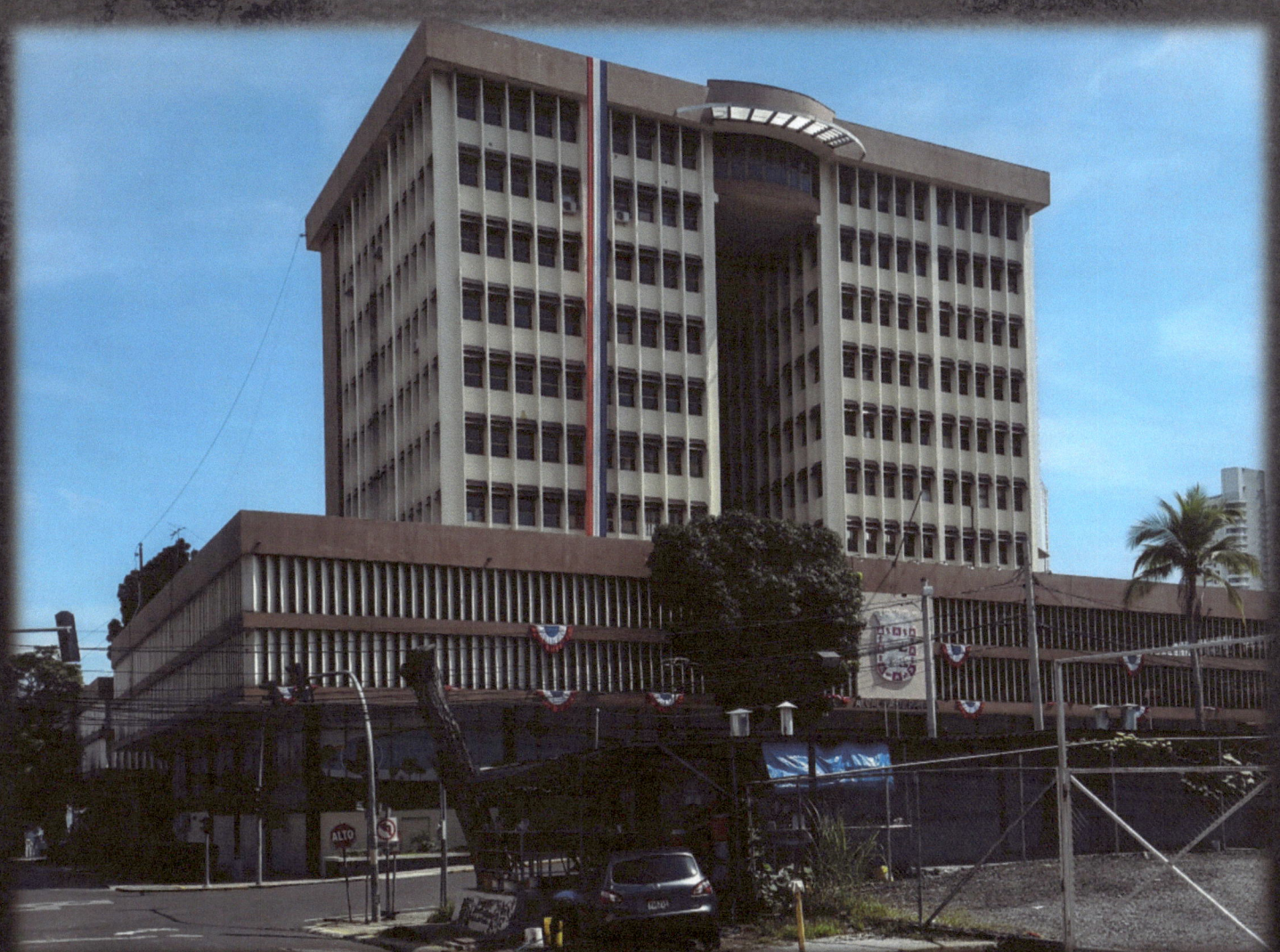

El edificio Hatillo, construido por la Compañía Internacional de Seguros y el Banco de Colombia, representaba en su época una novedad en la ciudad: se trataba de un gran edificio de oficinas con una plaza cubierta, áreas comerciales y estacionamientos, todos en uno. La planta, que ocupa una manzana de La Exposición, se genera mediante la intersección de dos ejes perpendiculares, los cuales forman una cruz y cuadrantes esquineros; en el centro hay una alberca. La zona peatonal, con sus matices de luz, se pensó para restaurantes y un cine. Por encima del área comercial se construyó un gran volumen de dos niveles para los estacionamientos. Más arriba hay dos torres de oficinas, las cuales se ven un poco chatas en comparación con las dimensiones del basamento. En lo formal, el proyecto muestra aún los efectos del modernismo de la posguerra: el gran cuerpo de estacionamientos, con paletas verticales de concreto y construido sobre pilotes, no puede negar sus orígenes brasileños. Por un tiempo, el edificio Hatillo fue un verdadero nodo en La Exposición, pero decayó con la expansión de la ciudad y el progresivo deterioro del sector.

Referencia: *GUÍA DE ARQUITECTURA Y PAISAJE DE PANAMÁ / Eduardo Tejeira Davis*

Índice

www.ingramcontent.com/pod-product-compliance
Lightning Source LLC
Chambersburg PA
CBHW040754200526

45159CB00025B/2467